MÉMOIRE
en Images

Issy-les-Moulineaux

Daniel Rabatel

ALAN SUTTON

Dans la même collection

Département des Hauts-de-Seine

Asnières-sur-Seine
Bois-Colombes
Châtillon - Un balcon sur Paris
Chaville
Clamart
Clichy-la-Garenne
Colombes
Colombes La Garenne-Colombes
Courbevoie I
Courbevoie II
Gennevilliers I
Gennevilliers II
La Seine des Parisiens - 1860-1930
Levallois-Perret
Meudon
Mont-Valérien (Le)
Nanterre
Neuilly-sur-Seine
Puteaux I
Puteaux II
Rueil-Malmaison
Saint-Cloud I
Saint-Cloud II
Sceaux
Sèvres
Suresnes I
Suresnes II
Vanves
Villeneuve-la-Garenne

Editions Alan Sutton - 8, rue du Docteur Ramon - BP 90600 - 37542 Saint-Cyr-sur-Loire Cedex

Première édition 3e trimestre 2009

ISBN 978-2-8138-0031-2

ISSN 1355-5723

Dépôt légal : 3e trimestre 2009
Achevé d'imprimer en France par Présence Graphique - 2, rue de la Pinsonnière - 37260 Monts

MÉMOIRE

en Images

ISSY-LES-MOULINEAUX

Sommaire

Remerciements

L'auteur tient à remercier André Santini, maire d'Issy-les-Moulineaux, pour lui avoir permis l'accès à de nombreux documents au sein du musée d'Histoire de la ville, ainsi que le personnel du musée de la Ville, et plus particulièrement Florent Goutagneux pour son aide permanente et sa relecture précise du texte.

Les documents représentés sont issus de collections personnelles à l'exception de ceux gracieusement communiqués par le musée : p. 9, p. 10, p. 13, p. 14, p. 16, p. 32 (bas), p. 41 (bas), p. 57, p. 74, p. 76, p. 81, p. 87 (haut), p. 91, p. 92 (bas), p. 124 (bas) et p. 125 (haut).

1

L'aviation

Le blason de la ville, qui mêle un avion à trois moulins, et la devise de la cité, *« Habeo semper alas* – j'ai toujours des ailes », démontrent à quel point l'aviation a pu contribuer à donner une histoire à Issy-les-Moulineaux. En effet, au début du XXe siècle, Issy-les-Moulineaux fut le berceau de l'aviation en connaissant les envols des premiers aéronefs et des premiers dirigeables. De très nombreux établissements, voies ou sites de la ville portent d'ailleurs le nom de personnes qui, directement ou indirectement, sont liées à l'histoire de l'aviation : les frères Voisin, Georges Guynemer, Henry Farman, Antoine de Saint-Exupéry, Gaston et René Caudron, Louis Blériot, Alberto Santos-Dumont, Léon Delagrange, le capitaine Ferber, Félix Amiot, Edouard Nieuport, Maurice Mallet, Joseph Frantz, Marie Marvingt, Maurice Berteaux, etc.

Les premiers aviateurs se sont illustrés sur le champ de manœuvres militaires de la ville où se situent aujourd'hui notamment l'héliport de Paris et le complexe de l'Aquaboulevard. Cette aire occupait tout l'espace délimité plus particulièrement par la rue Henry Farman, le boulevard Gallieni, le boulevard des Frères Voisin, la rue Guynemer et la bordure du boulevard périphérique jusqu'à la porte de Sèvres.

Le décret du 3 avril 1925 signé par Gaston Doumergue annexe le terrain à la ville de Paris, ce qui a fait l'objet d'un vif contentieux entre les deux villes, cette décision entérinant définitivement l'impossibilité de toute perspective de développement pour Issy-les-Moulineaux dans cette zone.

Depuis le 31 décembre 1891, ce terrain de 63 hectares était un champ de manœuvres; les militaires, chassés du Champ-de-Mars par la construction de la tour Eiffel et par les expositions universelles, s'étaient établis à cet endroit. Cette installation eut pour effet de priver la ville d'un de ses plus beaux quartiers de façon définitive, la présence des militaires sur le champ de manœuvres formant une barrière infranchissable, au nord, vers Paris. Elle fut d'autant plus préjudiciable à Issy-les-Moulineaux qu'elle facilita l'annexion, officialisée par un décret du 3 avril 1925, du terrain par la ville de Paris. Cette annexion n'était que l'application d'un projet envisagé dès la fin du XIXe siècle et qui avait été dénoncé en son temps par Henri Mayer, maire de la commune de 1894 à 1903 puis de 1908 à 1911.

Les premiers « avionneurs » reçurent l'autorisation d'utiliser ce terrain au début du XXe siècle. Face aux progrès de l'aviation, le champ de manœuvres devient rapidement inadapté, car trop petit. L'armée, en outre, qui continuait à utiliser le terrain, avait rapidement imposé des conditions d'utilisation tracassières, contraignantes et dissuasives.

De plus, s'étendant dans la plaine et à proximité de la Seine, le champ de manœuvres était souvent inondé, plus particulièrement en hiver. En dépit de cette utilisation malaisée du terrain, ce contexte délicat n'en permit pas moins les premiers envols des « plus lourds que l'air ».

Une récompense de 50 000 francs-or gratifiant le premier aviateur qui couvrirait « un kilomètre en circuit fermé » fut mise en jeu. Henry Farman réussit l'exploit le 13 janvier 1908, il parcourut le kilomètre en une minute et vingt-huit secondes, sur un biplan Voisin. Pour gagner le prix il convenait de franchir en plein vol une ligne de départ située entre deux poteaux, de virer autour d'un poteau situé 500 mètres plus loin et de revenir entre les poteaux de départ, le tout, évidemment, sans toucher le sol.

La preuve était ainsi faite que le pilote maîtrisait son appareil du décollage jusqu'à l'atterrissage, et qu'il était aussi capable de le diriger. Cet exploit tranchait avec les « vols » accomplis jusque-là et qui étaient davantage des sauts, plus ou moins longs.

Les exploits vont dès lors succéder aux exploits. Léon Delagrange battra à plusieurs reprises, jusqu'au 6 septembre 1908, tous les records du monde de temps de vol et de distance ; il périra dans un accident aérien près de Bordeaux le 4 janvier 1910.

Delagrange fut le premier pilote à emmener un passager, son rival Henry Farman, le 28 mars 1908 ; il fut également le premier à avoir comme passager… une passagère.

Les frères Voisin, Charles et Gabriel, furent les fondateurs de la première firme d'aviation au monde et commencèrent la construction d'avions en série, pour un total final de plus de 10 000 exemplaires. Ils s'étaient installés sur Issy-les-Moulineaux dès 1910. Après la mort de Charles en 1912, Gabriel se consacra à partir de 1918 à la construction automobile ; 27 000 voitures Voisin sont sorties des chaînes d'Issy-les-Moulineaux dans l'usine qui a fonctionné au sein de la ville jusqu'en 1958.

En bordure du champ de manœuvres, le hangar de la société Nieuport – du nom de son fondateur pilote et avionneur et qui sera reprise par la société Astra – ne passait pas inaperçu de par sa taille dans le paysage isséen des années 1910.

Tout comme les avions, les dirigeables furent très présents sur le terrain d'Yssy-les-Moulineaux et participèrent également à la naissance de l'aviation.

Avec le développement de l'aviation, les premières courses apparurent très vite. Une course qui prit le nom de Circuit de l'Est se déroula ainsi du 7 au 17 août 1910 sur une distance totale de 785 kilomètres. Le succès public fut considérable. Blériot après avoir été, le 25 juillet 1909, le premier aviateur à traverser la Manche, avait pu trouver les fonds nécessaires au développement de son entreprise de construction d'avions, et les modèles qu'il produisait étaient très prisés des aviateurs.

A l'occasion de la course Paris-Madrid en mai 1911, l'un des appareils qui décollait, piloté par un dénommé Emile Tain, connut un problème technique et vint faucher un groupe au sein duquel se trouvait le cortège des officiels.

Parmi ces officiels se trouvaient notamment Ernest Monis, le président du Conseil, qui fut seulement blessé et Maurice Berteaux, ministre de la Guerre, qui fut tué sur le coup et eut droit à des funérailles nationales. Ce sont ces tragiques circonstances qui associent Maurice Berteaux à l'histoire d'Issy-les-Moulineaux.

2

L'industrie et l'économie locales

Avant de devenir une cité résolument tournée vers le secteur tertiaire, la ville d'Issy-les-Moulineaux connut une présence industrielle très forte. Près de cinquante établissements industriels importants étaient recensés durant les années 1930, couvrant des secteurs très diversifiés. Cette prédominance de l'industrie souvent génératrice de nuisances a longtemps contribué à l'image terne, hétéroclite et grise de la commune.

Au début du XIXe siècle, les industries dominantes de la ville étaient liées à l'exploitation des carrières de craie et à celle des gisements d'argile. A partir de l'extraction de l'argile, le plus souvent dans des carrières à ciel ouvert, on confectionnait des briques, tout particulièrement près de la rue du Quatre Septembre, sur le terrain de l'actuel parc des expositions, où de nombreuses entreprises étaient installées.

L'exploitation des carrières s'est arrêtée presque totalement avec la première guerre mondiale. Les anciennes carrières de cette photographie étaient situées à côté de l'actuel boulevard Rodin.

Au XIXe siècle, plusieurs lois furent promulguées qui interdirent la présence d'entreprises provoquant des nuisances, des pollutions ou des dangers sur Paris ; de nombreux industriels durent déménager de la capitale.

Les terrains en bord de la Seine, peu propices à l'exploitation agricole donc bon marché, permirent à de nombreuses entreprises de s'y établir. Le paysage de la ville se transforma alors rapidement, les champs faisant place à des fabriques de produits chimiques, à des usines avec leurs hautes cheminées, à des entrepôts et des hangars.

L'électricité contribua à modifier le paysage isséen et favorisa l'installation de plusieurs compagnies électriques – dont celle de la Compagnie électrique de la rive gauche au 39 quai d'Issy –, notamment pour assurer la gestion de l'électrification de la ligne de chemin de fer Invalides-Versailles par Viroflay.

L'usine de production électrique était constituée de plusieurs bâtiments côte à côte et surmontée de plusieurs cheminées hautes de près de 50 mètres qui contribuaient véritablement à renforcer l'aspect « zone industrielle » du secteur. Gérée par la société d'électricité Westinghouse, elle était alors l'une des plus importantes usines électriques de France.

La proximité de la Seine a favorisé l'implantation de l'industrie sur la plaine s'étalant entre les deux ponts qui desservent Issy-les-Moulineaux (dont celui de Billancourt, sur la photo) en permettant une desserte facile des entreprises situées sur ce secteur aussi bien par les quais que par les ports.

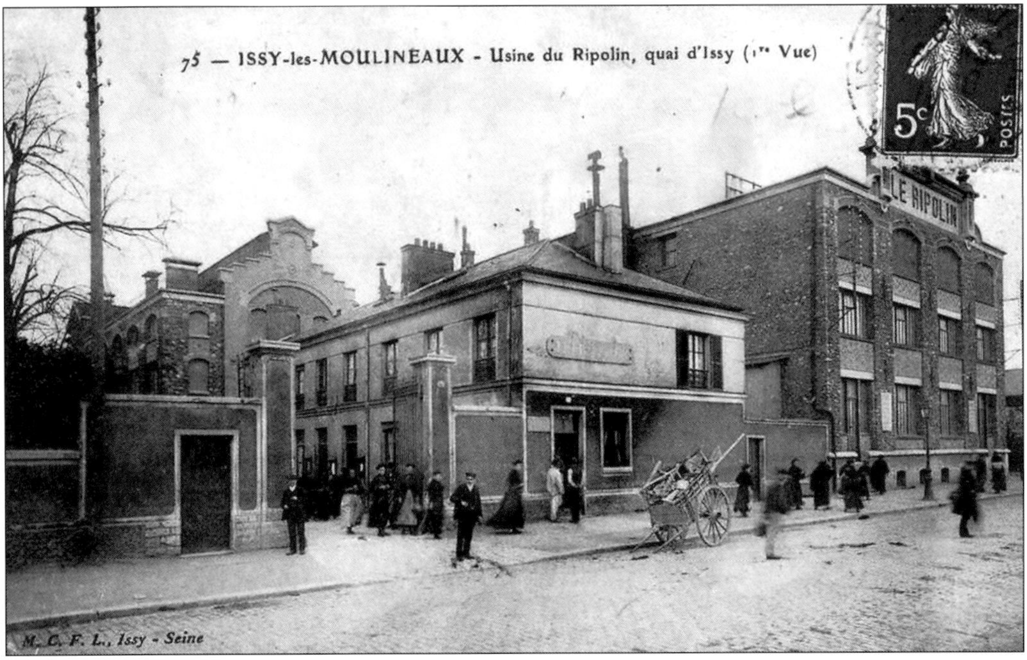

Le secteur situé aux environs de la rue Camille Desmoulins était particulièrement industrialisé. On y trouvait notamment l'usine de couleurs Lefranc, fondée au XVIIIe siècle à Paris et installée à Issy en 1867, qui prit le nom de Ripolin et dont l'activité nécessitait l'utilisation de beaucoup d'eau, d'où son implantation près de la Seine.

Dans ce quartier, se trouvait aussi la Compagnie française pour la fabrication des lampes électriques, usine Larnaude, fondée en 1898. Cette compagnie a produit jusqu'à un million de lampes par an et employait plusieurs centaines d'ouvriers.

La blanchisserie de Grenelle, créée en 1865 boulevard de Grenelle à Paris – d'où son nom –, s'était installée en 1905 au 18 rue Rouget de Lisle. La superficie de cette entreprise était de plus de 28 000 mètres carrés en 1935. Cette société constituait un pôle industriel important de la ville, puisqu'on y recensa jusqu'à 800 salariés.

Après avoir connu de graves difficultés financières, la société ferme ses portes en 1987 et l'aménagement de l'espace libéré permet la transformation du paysage urbain local à partir de 1989.

L'usine Gévelot qui fabriquait à l'origine des amorces de poudre pour fusil dut quitter Paris en raison des risques d'explosion qu'elle présentait et s'installa sur Issy-les-Moulineaux. L'activité débuta véritablement en 1843 et prospéra lorsque Jules Gévelot l'orienta vers la production de cartouches. La cartoucherie compta jusqu'à 3 000 salariés, et occupa 9 hectares sur un périmètre délimité par l'avenue de Verdun, la rue du Docteur Lombard, la rue Aristide Briand et la rue Paul Bert. Une explosion se produisit le 14 juin 1901 à la suite de laquelle 17 morts, dont 14 femmes, furent recensés.

L'entreprise disparut totalement en 1992 ; il ne subsiste plus aujourd'hui que le portail de l'entrée principale de l'usine réédifié rue du Docteur Lombard.

La brasserie était située avenue de Verdun, au numéro 139, face à l'usine Gévelot. L'entreprise avait pris son essor en 1878 et poursuivit son développement pendant plus de cinquante ans, fermant au début de la seconde guerre mondiale. Elle obtint la médaille d'or à l'Exposition universelle de 1900 et vit sa production doubler entre 1908 et 1918. L'effectif était de 220 ouvriers en 1936.

Elle occupait une surface de plus de 35 000 mètres carrés, notamment sur le flanc du coteau longeant l'avenue de Verdun, et était surplombée par la voie ferrée de la ligne Invalides-Versailles.

Les cuves et les fûts de la brasserie étaient entreposés dans les galeries du chemin des Montquartiers, creusées au début du XIXe siècle et utilisées pour l'extraction de la craie.

La biscuiterie Guillout était située sur l'actuel emplacement du CNET, le Centre national d'étude des télécommunications, et constituait l'un des très rares établissements industriels implantés dans cette partie de la commune : compte tenu des nuisances, de telles activités étaient en effet d'abord situées dans la partie ouest de la ville, près de la Seine.

La Manufacture des Tabacs débuta son activité en 1904 après avoir quitté Paris.

Bien que l'activité fût industrielle, l'architecture visait aussi à incarner l'autorité de l'Etat et de l'administration. Les entrées principales, une pour la direction et l'autre pour le personnel, étaient situées sur l'actuelle rue Ernest Renan.

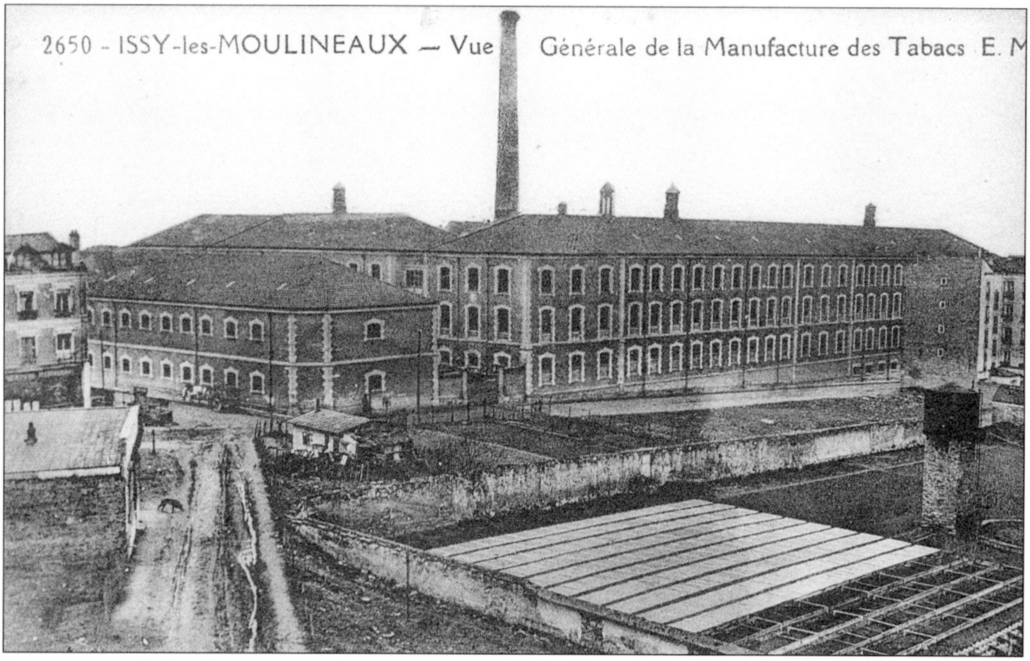

La présence de la cheminée témoigne de la vocation industrielle de cette entreprise spécialisée dans la fabrication de toute la gamme de produits liés à la consommation de tabac. Un bon millier de salariés y fut employé, jusqu'à la fermeture du site en 1978.

A partir de 1881, la ville hébergea l'imprimerie du journal *Le Petit Moniteur* à proximité de la porte de Versailles, rue Ernest Renan. Cette structure, qui compta jusqu'à 1 800 employés, fut présente sur Issy-les-Moulineaux jusqu'en 1975, date du départ de la société Chaix Desfossés qui avait pris la succession du journal.

3

Les principaux édifices et équipements

Au fil des années, la ville d'Issy-les-Moulineaux s'est transformée, et les modifications qu'elle a pu connaître ont souvent considérablement fait évoluer l'environnement local, provoquant la disparition de nombreux ouvrages et édifices qui contribuaient pour certains à faire l'histoire de la cité.

Le château se situait à l'angle des actuelles rues Auguste Gervais et Marcellin Berthelot.

Il fut bombardé pendant les combats de 1870 et 1871 – durant le siège de Paris par les Prussiens et les événements de la Commune – et démoli définitivement en 1910. Si plusieurs propriétaires se sont succédé à la tête de ce château, les plus illustres d'entre eux ont été les princes de Bourbon-Conti, de 1699 à 1777, qui étaient apparentés au roi Louis XIV.

Le domaine du château avait été constitué à l'origine par la réunion de deux propriétés, dont celle du Petit Olympe qui avait appartenu à Marguerite de Valois, l'épouse du roi Henri IV.

Le musée français de la Carte à Jouer a été construit en 1997 à l'emplacement de l'ancienne orangeraie du château. Le terrain de la propriété s'étendait sur une large partie du territoire de la commune. Il n'en subsiste plus que ce qui constitue aujourd'hui le parc Henri Barbusse. Ne restent du château incendié en mai 1871 que la partie gauche du bâtiment d'entrée et le pigeonnier.

La mairie se dressait sur l'ancienne place Voltaire, aujourd'hui parvis Corentin Celton, où elle fonctionna du 1er août 1857 au 13 octobre 1895, date d'inauguration de l'actuelle mairie.

L'hôtel de ville occupe aujourd'hui un bâtiment construit entre 1700 et 1718. Après qu'il en eut fait l'acquisition, Nicolas Beaujon, célèbre financier de son époque, fit procéder à d'importants travaux entre 1760 et 1773 par l'architecte Etienne-Louis Boullée. Celui-ci multiplia les décors somptueux et le grand salon d'angle qu'il créa a été reproduit pour le salon de l'hôtel d'Evreux à Paris, actuel palais de l'Elysée, que possédait également Nicolas Beaujon.

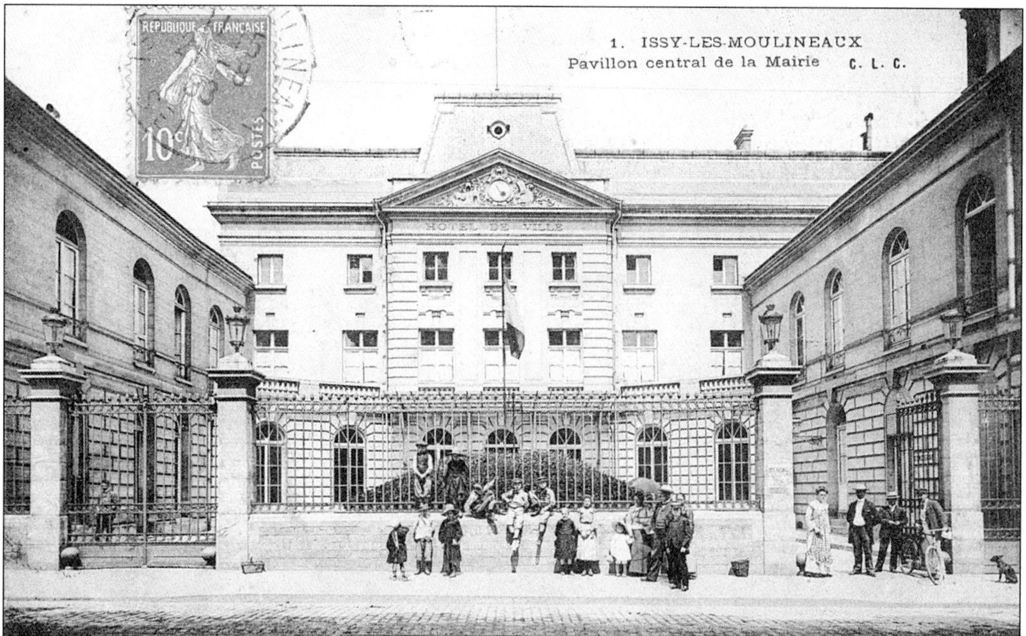

En 1891, la municipalité racheta le domaine à des religieuses qui avaient transformé l'endroit en une maison d'éducation aristocratique pour jeunes filles, le couvent des Oiseaux.

La présence d'une église qui dépendait de l'abbaye de Saint-Germain à cet endroit remonte au moins au XIe siècle. L'église actuelle a été réédifiée à partir de 1634 ; le village d'Issy s'est développé autour d'elle. Trois cloches y sont abritées dont l'une, *Marie*, date de 1618. L'église a été très abîmée durant les événements de 1871. Le maréchal Mac-Mahon, futur président de la République, était présent lors de sa réouverture au culte après réfection partielle.

L'église Sainte-Lucie, située 162 avenue de Verdun, fut construite de 1934 à 1938 en remplacement d'une chapelle devenue trop petite, la population du secteur ayant quadruplé. L'ancienne église a été rasée en 1986, au moment de la création de la zone d'aménagement concerté Sainte-Lucie.

Le séminaire fut constitué à partir d'une demeure qui existait déjà vers 1550 et qui, après avoir connu plusieurs propriétaires, échut à Marguerite de Valois, connue surtout sous le nom de Reine Margot, épouse d'Henri IV. Le domaine fut légué en 1675 à la compagnie de Saint-Sulpice qui fit du lieu un centre spirituel renommé. Après la Révolution, la propriété fut vendue comme bien national, puis progressivement rachetée par des religieux qui en firent un séminaire à partir de 1816. L'édifice fut reconstruit et agrandi de 1873 à 1894. Une grande chapelle inspirée de la chapelle royale de Versailles lui est accolée. La propriété, qui a gardé un état proche de celui qui était le sien avant la Révolution, occupe un espace de plus de 8 hectares.

Dans la partie sud-est de la propriété du séminaire, on trouve notamment le bâtiment de Lorette accolé à la chapelle Notre-Dame de Lorette à laquelle on accède par l'allée Saint-Jean, et un bâtiment appelé « la Solitude ».

Ce bâtiment tient son nom du fait qu'il était affecté aux « solitaires », les séminaristes désireux d'entrer dans la compagnie de Saint-Sulpice. La Solitude se trouve juste à côté de l'église Saint-Etienne.

La chapelle Notre-Dame-de-Toutes-Grâces qui date du début du XIXe siècle a été conservée en dépit de la construction de la grande chapelle. Elle est située juste à côté d'une curiosité, le Nymphée, petit pavillon remarquablement conservé dont la construction fut sans doute décidée par Marguerite de Valois.

La grande allée débouche sur un passage voûté, en arrière-plan sur la photo, surnommé « le tunnel », percé à la fin du XVIe siècle sous la rue Minard pour pouvoir passer de l'une à l'autre partie du parc.

La maison de retraite des ménages était héritière d'un hospice dit « des Petites-Maisons », fondé à Paris en 1557 et transféré à Issy en 1863. A l'époque de sa construction, l'hospice était dans une zone particulièrement isolée, en bordure de ce qui devint le champ de manœuvres, entre le boulevard Gambetta et l'actuelle rue Guynemer.

Traditionnellement dédié à l'hébergement des personnes âgées, l'établissement devint également dans l'entre-deux-guerres un hôpital à part entière. L'hôpital aura longtemps constitué un important élément du patrimoine architectural isséen. En 1945, il fut nommé Corentin Celton, nom d'un de ses employés, résistant fusillé pendant la seconde guerre mondiale.

Cette maison de retraite constituait un véritable îlot de verdure, empreint de calme et de sérénité, sur une surface approchant les 6 hectares.

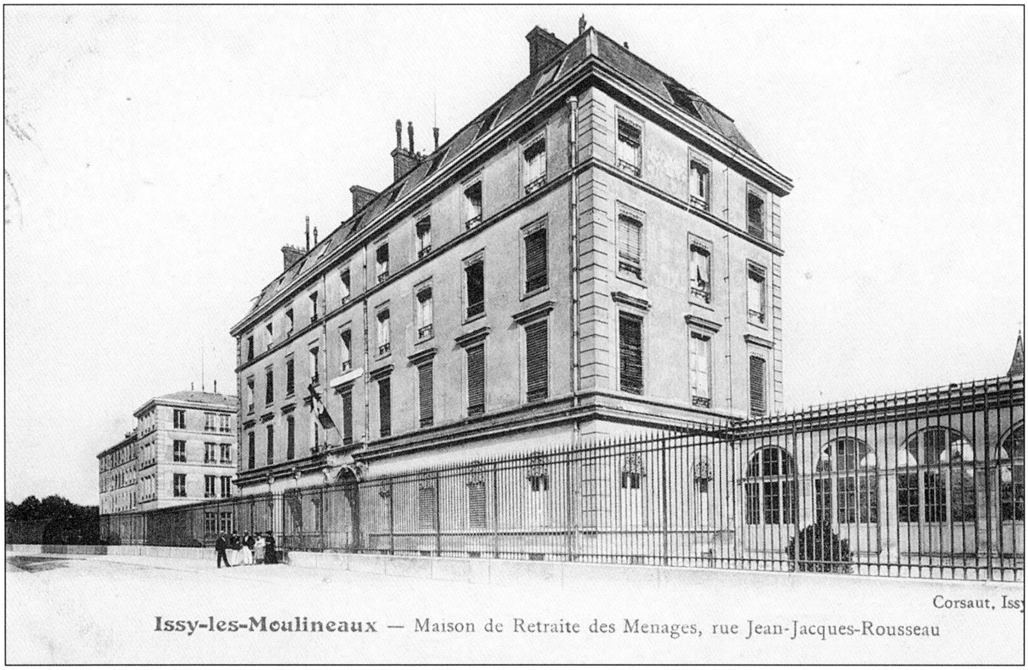

Son architecture est typique de celle des hôpitaux du XIXe siècle, pendant le Second Empire, avec un souci évident de symétrie et de monumentalité. Les constructions s'articulaient autour d'une grande cour d'honneur où le pavillon d'entrée et la chapelle Saint-Sauveur, édifiée de 1860 à 1863 et de style néo-roman, se faisaient face.

A côté de l'église Saint-Etienne, une ancienne propriété du XVIIe siècle au terrain aménagé en terrasses avec bassins a été acquise par les pères du Sacré-Cœur-de-Picpus en 1845 puis par les sœurs de Saint-Thomas-de-Villeneuve en 1887. La Supérieure, mère Saint-Alfred, était une personnalité très dévouée localement, d'où le nom de « maison de la mère Saint-Alfred ». En 1960, la propriété fut reprise par la Maison suisse de retraite et profondément modifiée.

Pierre Lasserre, médecin major qui vécut de 1797 à 1871, légua une maison de ville à la commune, ce qui permit de fonder la base d'un hospice communal. Le bâtiment fut agrandi et devint la maison de retraite communale située à l'angle de l'avenue Jean Jaurès et de la rue Etienne Dolet. La maison de retraite a été inaugurée par le président de la République Emile Loubet le 15 mars 1900.

A l'angle des actuelles rues Aristide Briand, à gauche, et Paul Bert, à droite, l'école prit son nom définitif, école Victor Hugo, à l'occasion du centenaire de la mort du poète. L'école est aujourd'hui un collège.

Une école pour filles se trouvait sur la place Voltaire qui fut nommée place Paul Vaillant-Couturier en 1937 par la municipalité communiste en place à cette époque.

2. ISSY-LES-MOULINEAUX — Entrée de Saint-Nicolas

L'institution Saint-Nicolas, située le long de la rue Victor Hugo entre le boulevard Gambetta et l'actuelle rue du Général Leclerc, est la plus ancienne école privée encore existante de la ville. Elle fut installée en 1843 dans ce qui constituait l'ancien « Petit Logis de Vaudétard », du nom d'une famille qui apparaît à partir du XIe siècle sur le territoire de la commune et qui eut une forte influence pendant ses cinq siècles de présence sur le secteur ; elle possédait de multiples biens, principalement sur Issy et sur Vanves.

Ecole Saint-Nicolas. — ISSY-LES-MOULINEAUX. — Vue panoramique.

L'école avait pour vocation d'accueillir des enfants d'origine modeste et de leur apporter tout à la fois une éducation élémentaire, professionnelle et religieuse.

La gare d'Issy-ville est située sur la ligne qui dessert Versailles-rive gauche, en passant par Viroflay. La ligne fut mise en service en 1905 (1901 pour la section Invalides-Meudon), à l'issue de travaux rendus difficiles par la configuration des lieux : présence des carrières, élévation du terrain, densité urbaine, etc. Cette ligne fut l'une des premières en France à avoir été électrifiée.

L'ouverture de la ligne Puteaux-Champ-de-Mars fut inaugurée le 1er mai 1889, à l'issue de travaux commencés en 1886, en vue de l'Exposition universelle. Elle comprenait douze gares, dont celle des Moulineaux qui fut la première gare isséenne, la gare ouverte en 1840 et qui desservait Issy étant située sur la commune de Clamart.

Peu de temps après la gare des Moulineaux, la gare d'Issy-Plaine fut à son tour ouverte. Son implantation se justifiait notamment par l'essor industriel du secteur dont témoigne la présence des cheminées sur la photo. Ces gares s'inscrivaient en outre dans le prolongement d'un projet impulsé à la fin du XIXe siècle qui envisageait de faire du secteur nord-ouest de la ville une zone à caractère résidentiel. L'industrialisation massive des environs ne permit cependant pas l'aboutissement des objectifs visés par ce projet.

A l'occasion de la création de la ligne électrique de chemin de fer, de nombreux viaducs furent édifiés, notamment dans l'objectif de réduire les expropriations qui auraient été nécessaires sur des terrains déjà bâtis. Le plus long des viaducs construits mesure 553 mètres. Il a contribué, pour une large part, à créer pendant de nombreuses années une quasi-frontière entre le secteur « centre-ville » et le secteur « ouest » de la cité ; au premier fut assuré le bénéfice de l'expansion, au deuxième fut dévolu le développement d'un urbanisme peu favorisé…

4

Les rues

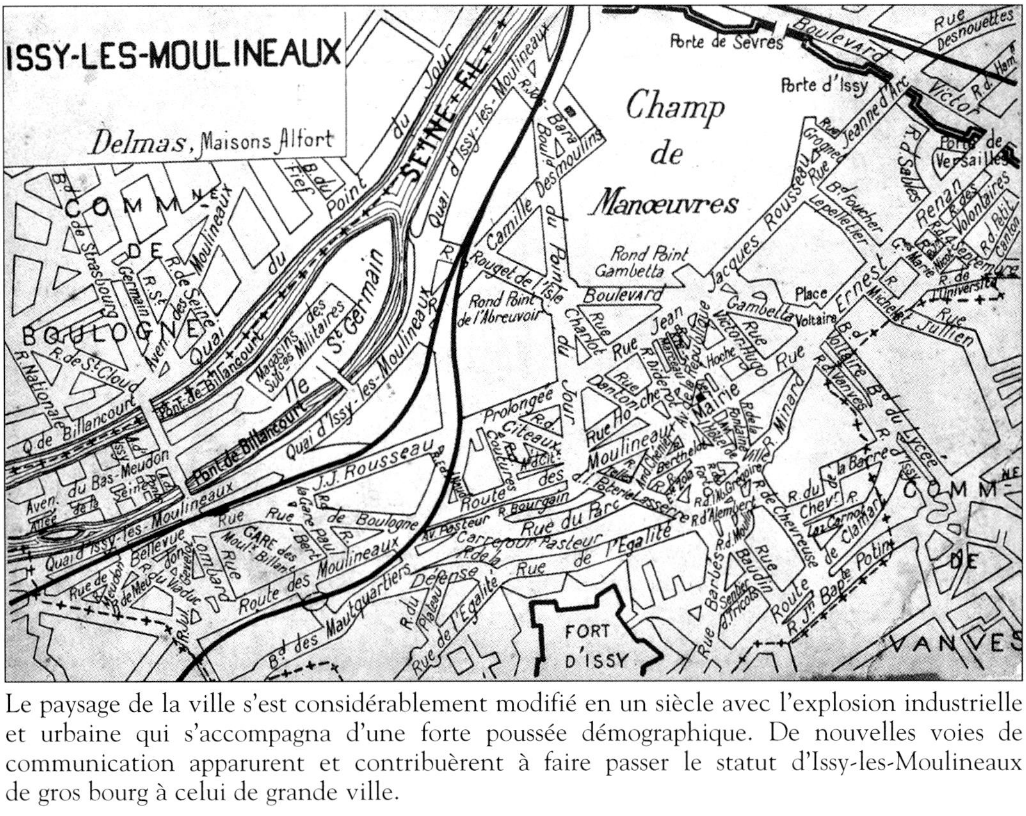

Le paysage de la ville s'est considérablement modifié en un siècle avec l'explosion industrielle et urbaine qui s'accompagna d'une forte poussée démographique. De nouvelles voies de communication apparurent et contribuèrent à faire passer le statut d'Issy-les-Moulineaux de gros bourg à celui de grande ville.

En venant de Paris et de l'actuelle porte de Versailles, l'accès à Issy-les-Moulineaux se faisait par ce qui s'appelait alors la Grande-Rue. Par décision du conseil municipal du 21 avril 1894, cette rue prit le nom d'Ernest Renan, en hommage au philosophe et historien des religions qui avait étudié de 1841 à 1842 au sein du séminaire de Saint-Sulpice d'Issy-les-Moulineaux.

Sur cette vue prise à côté de la Manufacture des Tabacs, le tramway qui traversait la ville d'est en ouest au début du XXe siècle circulait parmi les charrettes tirées par les chevaux. La maison à droite de la photo existe toujours, elle a fait l'objet d'une surélévation, comme nombre d'habitations de la ville, au fil de l'accroissement de la population.

Dans l'histoire de la ville, cette artère a toujours constitué l'un des axes à partir desquels s'est opéré le développement d'Issy-les-Moulineaux.

De nombreuses maisons de plaisance ont été édifiées aux XVIIe et XVIIIe siècles sur cette route qui était une des voies d'accès pour rejoindre le château de Versailles en venant de Paris.

La rue Michelet, en bordure de la Manufacture des Tabacs, à l'angle de la rue Ernest Renan, permet de rejoindre le lycée Michelet qui, bien que situé sur Vanves, a constitué pour de nombreuses générations d'Isséens le lycée « de secteur », jusqu'à ce qu'Issy-les-Moulineaux dispose de son propre lycée.

L'entrée du lycée Michelet, pour les élèves, a longtemps été accessible uniquement par la grille que nous voyons sur cette photo.

La rue Ernest Renan à hauteur de l'emplacement sur lequel fut édifié le collège Henri Matisse. Le collège a reçu ce nom en hommage à l'artiste peintre qui résida et travailla sur Issy-les-Moulineaux de 1909 à 1917.

Le secteur était doté de nombreux cafés et commerces, dont, au numéro 42 de la rue, un magasin de tissus et de confection appartenant à un ancien maire d'Issy-les-Moulineaux, Henri Mayer. Ce magasin était surmonté d'une réplique de la tour Eiffel construite en 1892. Cette réplique, en fer doré couleur bronze et haute d'environ 2 mètres, existe toujours.

La rue Ernest Renan abritait l'hospice Devillas dont la construction, à la suite d'un legs, permit d'accroître la taille de la maison de retraite voisine des Ménages afin de répondre à l'augmentation des demandes de placement. Le bâtiment fut détruit en 2007 ; il était situé à quelques dizaines de mètres de la place sur laquelle la rue Ernest Renan débouche et qui a longtemps constitué le plus important centre d'activités de la ville (actuelle place Paul Vaillant-Couturier).

La place Voltaire était en effet le siège de l'ancienne mairie et a constitué le premier véritable « centre-ville » de la commune. Cette place abritait également des écoles.

C'est également place Voltaire que s'installait le marché qui se prolongeait vers le boulevard Gambetta, le long de la maison de retraite des Ménages.

Avec la prolongation de la ligne de métro à partir de la station Porte de Versailles, en 1934, la place accueillit une station qui prit le nom de Petits-Ménages, en référence à la maison de retraite voisine.

Ce n'est qu'en 1945 que le nom de cette station fut changé en Corentin-Celton, la place ayant elle-même pris le nom Paul Vaillant-Couturier en 1937, la municipalité communiste alors en place ayant souhaité honorer l'un des fondateurs du Parti communiste français.

Le boulevard Voltaire constituait une zone dans laquelle beaucoup de commerces étaient installés. En plus des traditionnels cafés qui apparaissent sur de très nombreuses photos de l'époque, on y trouvait également un restaurant, une librairie-papeterie, une parfumerie à prix réduits…

Tous ces commerces créaient donc un véritable pôle d'attraction économique.

Au bout du boulevard Voltaire, la route de Clamart fut ouverte pour permettre la desserte de la gare de Clamart ouverte le 11 octobre 1840. Elle prit le nom d'avenue du Général de Gaulle en 1970.

A partir de la place Voltaire, la rue Ernest Renan se poursuivait vers l'ouest. Sur la partie comprise entre les stations de métro Corentin-Celton et Mairie d'Issy, le nom fut cependant changé en 1948 au profit de rue du Général Leclerc.

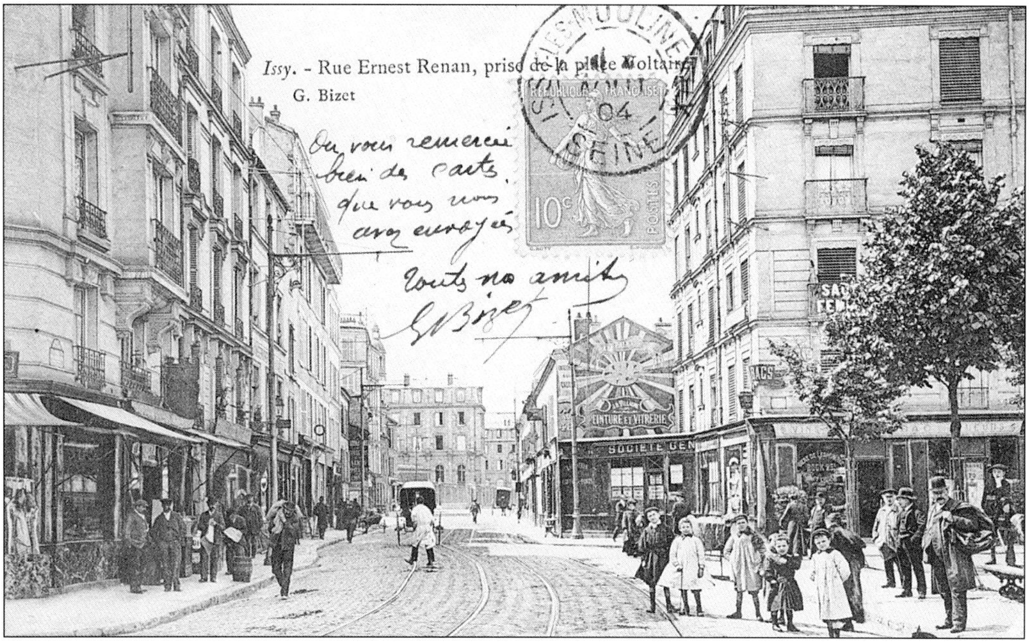

La présence de nombreux commerces, mais également de banques dont la Société générale, attestait de la vitalité économique du secteur.

La Banque de France était située au carrefour des actuelles rues Minard, du Général Leclerc et de Vanves, sur la place de la Fontaine dont le nom faisait référence à la présence d'une fontaine construite à la fin du XVIIIe siècle afin d'approvisionner le bas du village en eau. Initialement, la fontaine était éloignée de quelques mètres de l'endroit où elle se trouve aujourd'hui ; son emplacement actuel n'a en effet été retenu qu'en 1914, au moment de sa reconstruction par l'architecte Delaire issu d'une famille dont plusieurs générations d'architectes ont beaucoup travaillé pour la ville.

La rue Minard, nom d'un ancien maire de la ville, au pied de laquelle est située la place de la Fontaine, est une voie particulièrement ancienne qui s'appelait par le passé rue de la Glaisière, en référence à la glaise très présente dans les environs.

La rue coupe en deux le vaste parc du séminaire de Saint-Sulpice, largement caché par les hauts murs qui bordent la rue sur la presque totalité de sa longueur.

L'actuelle rue du Général Leclerc à l'angle de la rue Horace Vernet. A la fin des années 1960, le secteur à gauche de la photo été totalement transformé et a vu l'apparition des immeubles de grande hauteur, l'ouverture d'une grande surface commerciale et de bureaux administratifs, etc. Il subsiste cette curieuse construction à droite de la photo… pour combien de temps encore ?

Photo prise à l'angle des actuelles rue du Général Leclerc et avenue Jean Jaurès, en face de la mairie d'Issy-les-Moulineaux. Le commerce de l'immeuble a été remplacé par une agence bancaire, ce type d'activité ayant supplanté un très grand nombre de commerces des environs.

Cette voie fut ouverte en 1898 et, débutant juste en face de la mairie, nommée logiquement avenue de l'Hôtel de Ville. Elle fut rebaptisée avenue Jean Jaurès en 1920.

La voie permet d'accéder au haut d'Issy en passant par l'église. Les bâtiments, à droite de la photo, qui menaçaient de s'effondrer ont été rasés à la fin des années 1960.

Anciennement rue Bourtibourg, du nom d'un lieu-dit, puis rue de la Fontaine, la rue située au milieu de l'avenue Jean Jaurès prit en 1912 le nom Prudent Jassédé en hommage à un bienfaiteur communal, probablement ancien propriétaire du terrain riverain.
Il est aujourd'hui difficile d'imaginer que cette rue ait été l'une des principales artères du village d'Issy.

Elle permettait en effet de rejoindre le lavoir communal et une fontaine publique. Elle était déjà un simple passage à la fin des années 1960, à la suite des travaux d'aménagement qui virent la naissance des immeubles en face de l'hôtel de ville, de la grande surface et de l'actuel centre administratif. Mais ce passage a quasiment disparu à la fin des années 1990.

La présence de l'église a longtemps contribué à faire de cette place, carrefour des rues de l'Abbé Grégoire et Chevreuse – actuelle rue Jules Guesde –, un centre animé de la vie de la commune avec notamment l'existence d'un débit de boissons et de tabacs dont la présence remontait à 1784.

Le commerce de vins fut transformé par la suite en marchand de presse et a disparu avec la création des immeubles de la résidence de l'Abbé Derry au début des années 1970.

L'épicerie et le salon de coiffure disparurent également lors de la modernisation de la voie.

Les hauts d'Issy ont toujours constitué un des secteurs les plus résidentiels de la ville. Il en allait bien ainsi des rues Lazare Carnot et de Chevreuse devenue Jules Guesde en 1923 par décision du conseil municipal alors de gauche en hommage à un homme du même courant politique.

C'est sur le site de la rue d'Alembert que le cimetière s'étendait avant d'être déplacé en 1864, étant devenu trop petit. Les bains-douches municipaux lui succédèrent puis furent remplacés par le centre des impôts dans les années 1970. Le carrefour des rues d'Alembert de l'Abbé Grégoire a pris le nom de place du 11 Novembre 1918 en 1966. Il est situé juste en dessous de la place des Tilleuls qui a conservé pour une très large part le caractère qui était le sien quand cette photo a été prise.

La rue des Monts est l'ancien nom de l'actuelle rue de l'Egalité qui débouche sur la commune de Clamart. C'est dans ce secteur, alors très excentré, qu'a été ouvert le 7 juin 1864 le cimetière de la ville en remplacement de celui situé sur le site de la rue d'Alembert.

La zone s'est particulièrement urbanisée, notamment avec la création des tours du quartier des Epinettes édifiées à l'endroit où des carrières s'effondrèrent en 1961, cet effondrement ayant causé la mort de plusieurs personnes.

Le boulevard des Montquartiers est l'ancien nom du boulevard Rodin, nom donné en 1930 en hommage au sculpteur.

Rodin vint en effet souvent travailler sur la ville ; il avait un atelier à proximité, à Meudon.

La place de la Source, rebaptisée John Kennedy en 1963, est à l'intersection des actuels boulevards Pasteur, Rodin et Bourgain, au bas de la rue du Parc – par référence au parc voisin – devenue en 1927 rue Henri Tariel, du nom d'un médecin mort d'avoir contracté une maladie dans l'exercice de ses fonctions et fils d'un médecin réputé de la ville.

La rue abritait une école renommée, l'institution Fontaine.

Le parc de la légende de la photo était celui de l'ancien château des Conti. Il ne subsiste de ce vaste domaine que ce qui constitue aujourd'hui le parc Henri Barbusse. Le parc Henri Barbusse fut inauguré en 1936, sous la mandature du maire communiste Victor Cresson. Pour faciliter la desserte d'un espace vert situé sur une partie escarpée de la commune, un « escalier monumental », caractéristique d'une certaine architecture des années 1930, fut édifié.

Une entrée supplémentaire pour accéder au parc fut créée par la suite au bas de la rue Lasserre.

Sur les hauteurs d'Issy, le parc Henri Barbusse est également desservi par la rue du Plateau, devenue rue d'Erevan en 1975 en hommage à la forte communauté arménienne qui s'installa sur la ville après le génocide turc de 1915.

La rue prend son nom d'un important moulin à grains, aujourd'hui disparu, situé à Clamart, et qui fut le siège de violents combats en 1871, d'abord entre Français et Prussiens, puis entre communards et versaillais.

La rue du Fort s'appelait ainsi car elle menait au fort d'Issy situé sur les hauteurs de la ville.

Elle est devenue la rue Auguste Gervais, du nom d'un ancien maire de la ville. La voie s'est également longtemps appelée, dans sa partie basse, rue du Château car elle logeait en cet endroit le château des Conti, situé sur l'emplacement occupé pour partie par l'actuel musée de la Carte à Jouer.

Avec le transfert de la mairie à son emplacement actuel, le centre économique s'est trouvé également déplacé. De nombreux commerces se sont développés, notamment au pied de l'immeuble élevé vers 1890 à l'angle de la rue Diderot et de l'avenue de la République où l'on trouvait – déjà ! – une pâtisserie.

L'accès au square et aux jardins de la mairie était limité par la présence d'une grille.

La vue aérienne sur l'avenue de la République – enrichie par montage de la présence d'un avion pour rappeler l'importance de l'aviation dans la vie de la ville – permet de constater sur la gauche de la photo les travaux sur l'emplacement bien plus tard du Centre national d'études et télécommunications.

Une vue prise depuis la mairie vers les rues Marceau, Kléber et Horace Vernet.

Dans la partie de l'avenue comprise entre le bout de la rue Kléber et le rond-point Victor Hugo, on trouvait la biscuiterie Guillout dont l'existence passée est rappelée par la rue de la Biscuiterie.

La grande maison à l'angle de la rue Horace Vernet et de l'avenue de la République est caractéristique de l'architecture de la ville à la fin du XIXe siècle et au début du XXe.

A l'occasion des travaux d'aménagement du secteur, lors de l'installation de la nouvelle mairie sur l'ancien emplacement du couvent des Oiseaux, de nombreuses voies furent créées, dont les rues Kléber et Marceau. Les noms furent choisis lors du conseil municipal du 21 avril 1894 qui, en plus de la création de nouvelles rues, en avait débaptisé pas moins de vingt-quatre ce même jour ! La municipalité était alors cataloguée sous l'étiquette « gauche républicaine radicale » et les noms des rues témoignaient fortement de cette orientation politique.

Comme d'autres endroits de la ville, le secteur proche de la mairie était habité par de nombreux foyers aux revenus modestes.

Plus on allait vers l'ouest, en s'éloignant du centre-ville, plus la vision de ce qu'était le paysage des banlieues industrielles de l'époque était représentative.

En parallèle à la disparition des industries, la mutation architecturale amorcée à partir de la fin des années 1970 a d'une certaine façon véritablement débuté à partir des travaux entrepris dans le secteur centre-ville, au niveau de la rue Hoche et de la rue Diderot, à l'endroit où siège la Trésorerie.

La rue qui portait le nom d'Edouard Naud, ancien maire de la ville qui fit, dans le dernier quart du XIXe siècle, de nombreuses opérations et restructurations immobilières sur la ville, et ce dans des conditions parfois controversées, fut rebaptisée André Chénier le 21 avril 1894. Le « politiquement correct » semblait déjà sévir à cette époque !

La route des Moulineaux prit le nom d'avenue de Verdun avant qu'une partie de la voie elle-même ne soit rebaptisée, après la seconde guerre mondiale, Victor Cresson du nom de l'ancien maire communiste qui fut à la tête de la ville de 1935 à 1939 et qui mourut en déportation. Les immeubles à droite correspondent aux actuels numéros 11 et 13 de l'avenue Victor Cresson.

Cette artère a pu abriter au fil des années un cinéma, la gendarmerie, la poste, le dispensaire, la maison du peuple devenue palais des Arts et Congrès d'Issy, des écoles, etc.

Les vues sont prises à partir de l'endroit qui constitue aujourd'hui le carrefour de Weiden, du nom de la ville allemande avec laquelle Issy-les-Moulineaux est jumelée, à l'angle des avenues Bourgain et Victor Cresson, du boulevard Gallieni et de la rue Telles de la Poterie.

Le boulevard du Point du Jour s'est appelé ainsi jusqu'en 1916 puis a pris le nom Gallieni. La bière des Moulineaux était très réputée, du fait notamment de la présence d'une brasserie sur la ville. L'établissement à gauche de la photo a conservé son activité de bar-café-restaurant jusqu'en 2008 puis a été remplacé par une pharmacie.

On trouve toujours un café-tabac à cet emplacement, situé à l'angle du boulevard Gallieni et de la rue du Gouverneur Général Eboué, la rue Jean-Jacques Rousseau ayant été débaptisée sur une partie de sa longueur originelle en 1949.

Sur le boulevard qui longeait une grande partie de la bordure du terrain d'aviation, on trouvait de multiples commerces de réparation mécanique, activité logique eu égard aux nombreux avionneurs présents sur le site et régulièrement soumis à des aléas techniques !

Les habitations étaient très diversifiées, avec de multiples petites maisons individuelles bon marché côtoyant des immeubles. L'ensemble du secteur a été totalement restructuré à partir du début des années 2000 et accueille désormais de nombreux sièges sociaux d'entreprises.

La rue Bara – qui venait d'être prolongée au moment où la photo a été prise – s'est ainsi totalement transformée, et il ne reste aujourd'hui plus rien de ce que les photos du début du XXe siècle pouvaient restituer de ce secteur populaire qu'était le quartier de la Plaine.

En venant de Paris, on peut entrer dans la ville par la rue Jeanne d'Arc et ce qui s'appelle désormais la rue Guynemer. La rue Jean-Jacques Rousseau, qui s'étendait jusqu'à la limite de Paris, avait été partiellement débaptisée en 1917 pour rendre hommage au célèbre aviateur. Au carrefour des deux rues, la maison qui hébergeait alors un des nombreux cafés-tabacs de la ville existe toujours. Lors de l'inondation de 1910, l'eau avait atteint près de la moitié de la hauteur du rez-de-chaussée.

La rue Guynemer permettait d'avoir accès à l'entrée principale de l'hospice des Ménages en passant sous une voûte au rez-de-chaussée de ce qui était le bâtiment des bureaux. Ce passage a été conservé à l'issue de la création de l'opération des Jardins du Carrousel engagée au début des années 2000.

Le rond-point Victor Hugo est situé au bout de la rue Guynemer, à l'intersection des actuels boulevard des Frères Voisin, avenue de la République et rue du Gouverneur Général Eboué. Le nom donné à ce rond-point est un hommage au poète qui durant ses jeunes années est venu quelquefois dans la maison située juste en face de l'actuel 15 bis rue Auguste Gervais.

L'extrémité ouest du boulevard Gambetta où se trouve le rond-point Victor Hugo. A droite de la vue, la rue Victor Hugo dans sa partie qui rejoint la rue du Général Leclerc.

Par le boulevard Gambetta, on pouvait avoir accès à l'une des entrées de la maison de retraite des Ménages.

Le boulevard Gambetta constituait une voie fortement animée du fait de la présence du marché communal couvert bien protégé des intempéries. On vendait essentiellement des comestibles sur ce marché.

Mais de nombreux vendeurs travaillaient également à l'extérieur et étalaient leurs marchandises tout au long du boulevard, jusqu'à l'ancienne mairie.

Secteur industriel de premier plan pendant une grande partie du XXe siècle, la rue Rouget de Lisle est sans doute l'une des rues de la ville qui se soit le plus transformé. La blanchisserie de Grenelle, le café de l'Aviation, l'hôtel meublé de la photo ont disparu dans le cadre de ces transformations.

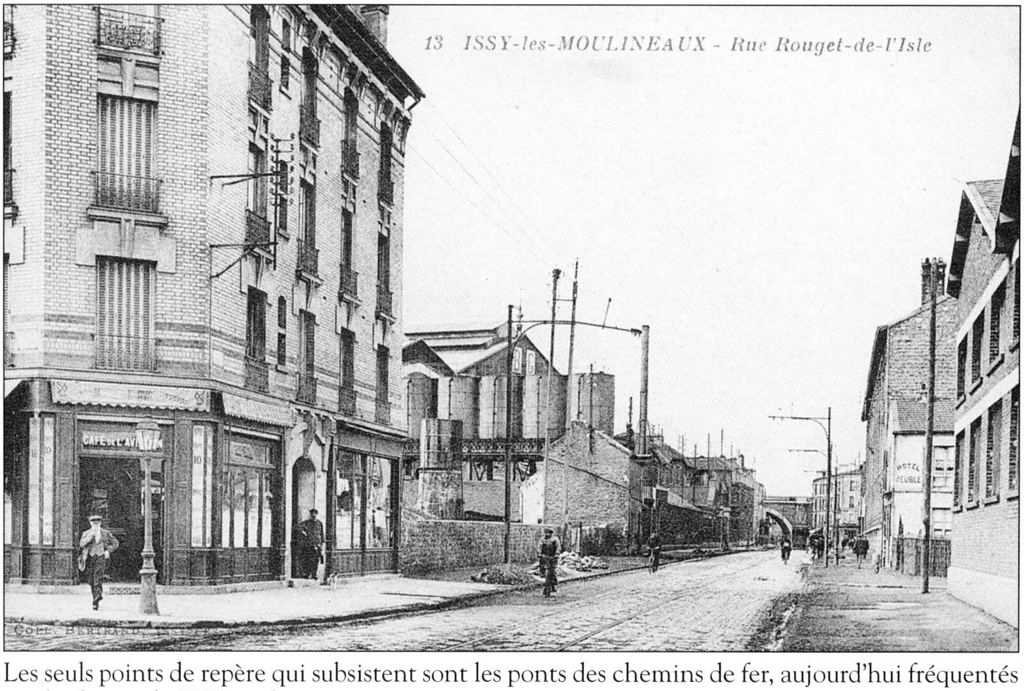

Les seuls points de repère qui subsistent sont les ponts des chemins de fer, aujourd'hui fréquentés par les lignes de RER et de tramway.

Le secteur de la rue Rouget de Lisle a toujours constitué un important nœud de communication. Au-delà de la ligne de tramway Porte de Saint-Cloud-Porte d'Orléans qui passait par cet endroit, la rue s'est trouvée placée à l'extrémité du pont des Peupliers construit en 1905 et qui a pris plus tard le nom de pont d'Issy.

La présence d'un port et l'existence de la gare ont constitué des atouts de poids pour les entreprises basées à cet endroit; la qualité et la diversité des dessertes constituent encore aujourd'hui un argument majeur de nature à convaincre les entreprises de s'installer dans ce secteur.

Qui pouvait penser au début du XXe siècle que, cent ans plus tard, la très populaire et industrieuse rue Camille Desmoulins et sa fabrique de lampes électriques hébergeraient un jour les sièges sociaux de grandes entreprises, dont des multinationales comme Coca-Cola ou Hewlett Packard…

La rue qui commençait à la Seine se terminait alors en cul-de-sac au niveau du terrain d'aviation.

En partant du bout de la rue Camille Desmoulins et en longeant la Seine, on rejoint le secteur des Moulineaux au pont de Billancourt.

Le panorama n'était pas toujours des plus idylliques entre les péniches déchargeant leurs cargaisons de charbon et les nombreuses cheminées crachant leur fumée.

Le pavillon de l'octroi était situé sur l'actuel quai de la Bataille de Stalingrad, à hauteur de l'actuelle place de la Résistance, au bout du pont de Billancourt.

Ce pont a été inauguré le 28 août 1863 et a longtemps constitué la seule voie, en provenance de Boulogne, pour entrer dans Issy-les-Moulineaux.

Le pont de chemin de fer est celui de la ligne Puteaux-Champ-de-Mars inaugurée en 1889.

Le pont délimite d'une certaine façon l'accès au quartier des Moulineaux, nom qui fait référence à l'ancien village rattaché au village d'Issy-sur-Seine le 28 juillet 1893, date à laquelle se forma l'unique commune d'Issy-les-Moulineaux.

La rue Jules Gévelot a vu son nom changer en 1945 au profit de Jean-Pierre Timbaud, militant ouvrier actif et dirigeant syndicaliste engagé qui fut fusillé comme otage par les nazis, à Châteaubriant le 22 octobre 1941, avec 26 autres militants communistes parmi lesquels Guy Môquet.

Cette rue permet de rejoindre le quartier dit « de la Ferme », à partir de la Seine. Ce secteur fut longtemps quasi exclusivement habité par des populations ouvrières.

La rue de Bellevue, donnant dans l'actuelle rue Jean-Pierre Timbaud, n'est pas à proprement parler l'arrivée à la gare des Moulineaux puisqu'elle en est distante de plus de 100 mètres. En 1945, elle a pris le nom de Marcel Miquel, en mémoire d'un ancien conseiller municipal communiste élu en 1935, mort en déportation, et qui a vécu dans la rue qui porte désormais son nom.

Le carrefour de la Ferme fait référence à la ferme des chartreux qui se situait à l'intersection de l'actuelle rue Jean-Pierre Timbaud et de l'avenue de Verdun. La ferme occupait un vaste domaine où des moines exploitèrent longtemps des vignes, des champs et un moulin. Une exploitation perdura après le départ des moines chassés par la Révolution et il y eut des vaches et une laiterie jusqu'au début des années 1960… Comme indiqué sur le mur de l'immeuble, ce lieu constituait un arrêt du tramway et l'on pouvait aussi y déguster la bière des Moulineaux.

Le carrefour de la Ferme est souvent indiqué sous l'appellation « carrefour de la Fourche » du fait de la topographie des lieux en direction de Meudon dont il est limitrophe.

C'est également à côté de la Fourche que commence le chemin de Saint-Cloud. Ce chemin qui existait avant la Révolution relie l'un des points les plus élevés d'Issy à l'un des points bas de la ville. Le raidillon qu'il constitue sépare les communes de Meudon et d'Issy-les-Moulineaux. C'est sans doute une des voies de la ville restée le plus proche de son état d'origine.

Cette rue située dans ce qui était à l'époque un quartier particulièrement populaire et ouvrier, en bordure de l'usine Gévelot et de l'église Sainte-Lucie, a pris le nom d'un médecin de la ville qui vécut de 1795 à 1879 et qui fut reconnu pour son action en faveur des pauvres.

L'actuelle avenue de Verdun avant la première guerre mondiale, devant l'usine Gévelot dont on aperçoit les hautes cheminées ; on mesure l'espace que cette usine pouvait occuper.

La présence de l'usine Gévelot amenait une forte affluence dans le secteur du fait du nombre de salariés employés.

Les samedis de paye, soit deux fois par mois, étaient jours de marché.

Après la première guerre mondiale, alors que la route des Moulineaux avait pris le nom d'avenue de Verdun, on ne peut pas dire que cette artère constituait la voie la plus riante de la ville.

Elle était hélas assez représentative de ce que le secteur ouest de la ville a longtemps proposé à ses habitants en leur imposant les nuisances des industries locales et des habitats souvent peu favorisés.

Ce viaduc situé au-dessus de l'emplacement occupé par la brasserie témoigne de la présence de la ligne Invalides-Versailles dont la station d'Issy-ville était l'une des gares desservant la commune.

La gare d'Issy-ville constituait également un nœud de communication d'importance dès le début du XXe siècle.

Cent ans plus tard, RER, tramway et métro permettent à la ville de bénéficier d'une bonne desserte de transports en commun.

Le pont de la ligne de chemin de fer électrique a longtemps représenté une sorte de frontière séparant la commune en deux parties, l'une industrielle et l'autre plus résidentielle.

Une vue sur la rue Naud, du nom d'un ancien maire de la ville qui multiplia les opérations de lotissement sur Issy-les-Moulineaux, sans doute pour une large part à des fins spéculatives. Il n'en a pas moins largement contribué au développement et à la transformation de la ville.

A proximité de la rue Naud, sur l'emplacement de l'actuelle avenue Jean Bouin, la cité-jardin construite en 1907 par la société Gévelot au profit de ses salariés.

La rue Jean-Jacques Rousseau, outre sa partie actuelle, intégrait par le passé également les rues Guynemer et du Gouverneur Général Eboué.

Cette photo dont le commerce qui y est représenté fait référence à la maison de retraite des Ménages correspond d'ailleurs au secteur de la rue Guynemer. Cette artère, dans sa partie ouest, est longtemps demeurée à l'état de véritable friche industrielle. A partir des années 1990, elle a bénéficié d'un formidable renouveau, notamment grâce à l'arrivée du tramway, et a vu son environnement se transformer en un laps de temps particulièrement court.

Le dépôt de tramway se situait au bout de la rue Jean-Jacques Rousseau, à proximité du quai d'Issy.

La rue Jean-Jacques Rousseau constituait une artère importante du fait qu'elle aboutissait à la gare des Moulineaux et permettait d'accéder à l'usine Gévelot.

Cette voie, ouverte en 1869, abandonna le nom de rue de Boulogne au profit de rue Aristide Briand, ancien président du Conseil sous la IIIe République. L'entrée de l'usine Gévelot se faisait à partir de l'espace à l'intersection des rues Jean-Jacques Rousseau et Aristide Briand.

La rue débouche dans sa partie supérieure au pied de la gare d'Issy-ville.

L'avenue de Verdun, avant qu'elle ne soit rebaptisée avenue Victor Cresson, dont les vues représentent la partie comprise entre le carrefour de Weiden et la place Léon Blum. A noter la présence d'un des nombreux immeubles édifiés sur la ville par les différents architectes de la famille Delaire.

L'allée des Coutures, voie située parallèlement à la rue Victor Cresson entre la rue d'Estienne d'Orves et la rue Roger Salengro, fut particulièrement touchée par l'inondation de 1910.

Un panorama sur le secteur dit « du bas d'Issy ».

5

Les bords de Seine

Si la proximité de la Seine a pu parfois être source de nuisance pour la ville, attirant des entreprises intéressées par tous les apports possibles de l'eau, la présence de l'île Saint-Germain, première île en aval de Paris, a permis de dégager des espaces particulièrement bucoliques qui ont pu inspirer artistes et promeneurs du dimanche…

Le passage pour Robinson permettait de rejoindre l'île Saint-Germain à son extrémité nord, à hauteur de l'actuel pont d'Issy. Une guinguette, appelée guinguette Robinson, était implantée à la pointe de l'île jusqu'au début du XXe siècle. Elle disparut à l'occasion de la construction du pont d'Issy. Cette guinguette réputée accueillait de nombreux Parisiens… déjà avides de sensations champêtres…

Cette guinguette connut une telle notoriété que son lieu d'implantation se confondit avec elle, prenant le surnom d'« île Robinson ».

A voir ce cadre idyllique et bucolique, on comprend le succès de l'environnement local, véritable havre de paix où l'on pouvait venir se détendre.

Le surnom de cet endroit fréquenté par de nombreux pêcheurs et promeneurs du dimanche était « le Bout du Monde ».

La passerelle fut édifiée vers 1853 par la Société des glaces et verreries de Montluçon. Elle permettait de rejoindre l'île par le quai nommé aujourd'hui quai de la Bataille de Stalingrad. Après la faillite de cette société, l'île connut divers propriétaires avant d'être achetée par l'armée.

L'armée avait établi sur l'île des campements militaires servant d'entrepôts d'intendance et de magasins de subsistances.

Les militaires sont restés sur l'île jusqu'en 1985 et leur départ a permis l'ouverture du parc, ce projet d'aménagements d'espaces verts l'ayant finalement emporté face à d'autres projets industriels.

L'extrémité sud de l'île vue du secteur du Bas-Meudon, dans les années 1910.

L'île est aujourd'hui l'un des secteurs les plus recherchés de la ville alors qu'elle avait longtemps constitué une véritable zone de « bidonvilles », accueillant les populations les plus défavorisées qui fussent.

Les quais de Seine avaient cette particularité de constituer des lieux enchanteurs, mais, très vite, le cadre industriel était de nature à rompre le charme.

L'île a inspiré de nombreux peintres, parmi lesquels Constant Pape, qui appréciaient les aspects bucoliques et champêtres de son cadre.

L'île faillit un temps devenir une zone portuaire visant à permettre le stockage du sable et du ciment ! L'île aurait fort bien pu devenir un bloc de béton, si les élus des communes voisines de Boulogne, d'Issy et de Meudon n'étaient pas intervenus. Ces communes se regroupèrent au sein d'un syndicat mixte qui racheta les terrains de l'île entre 1977 et 1978, ce qui permit la création du parc.

Les deux ponts qui permettent de traverser la Seine de Boulogne à Issy, celui dit « de Billancourt » d'une part et celui « d'Issy » d'autre part. Le pont d'Issy surplombe l'extrémité nord de l'île Saint-Germain. Une piscine municipale découverte fut longtemps présente à cet endroit. C'était bien toute la rive gauche de la Seine, sur sa partie longeant Issy, qui était occupée par les industries.

De cette vue prise à hauteur du pont d'Issy, on note la présence de l'ancien viaduc d'Auteuil qui fut reconstruit en 1963 et prit le nom de pont du Garigliano.

La présence de la Seine permettait l'organisation de nombreuses fêtes nautiques.

6

L'inondation de 1910

La ville connut un événement tristement célèbre avec la « crue du siècle » de la Seine qui provoqua l'inondation de la commune. Cette inondation submergea les chaussées jusqu'en plein centre-ville. De nombreuses cartes postales de l'époque ont illustré cette inondation, comme sur cette photo à l'extrémité nord, c'est-à-dire côté Seine, de l'actuel boulevard Gallieni, à l'angle de la rue Bara. L'immeuble de la photo a été détruit en 2005 dans le cadre de l'opération d'aménagement qui a vu l'apparition de nombreux bureaux.

Au début du XIXe siècle, près des neuf dixièmes des terres de la commune étaient dédiés à l'agriculture. Ces cultures devaient disparaître avec le développement de l'industrialisation de la ville. L'inondation de 1910 dévasta ces cultures maraîchères.

D'importantes pluies qui s'étaient abattues du 28 novembre au 9 décembre et du 15 au 31 décembre 1909 avaient occasionné des crues. Une nouvelle période de pluies et de neige commença le 9 janvier 1910, et les torrents d'eau qui tombèrent du 18 au 21 janvier provoquèrent en amont de la Seine la crue de l'Yonne, du Loing et du Grand-Morin.

Ces intempéries touchèrent également Paris, ce qui provoqua une crue extraordinaire de la haute Seine et de la Marne. La Seine, ne pouvant s'écouler, envahit Paris et sa banlieue.

Le niveau d'eau monta à son maximum le 28 janvier. La hauteur fut de 8,62 mètres à Paris. L'activité économique, et notamment celle de l'usine Gévelot toute proche de la Seine, en fut durement et durablement affectée.

Sur Issy-les-Moulineaux, l'inondation entraîna la submersion de plus de 40 % de la superficie de la commune. Toutes les rives de la Seine furent touchées, et l'île Saint-Germain se trouva totalement submergée.

Les barques furent pendant quelques jours le seul moyen de transport pour circuler et évacuer les populations des zones de la ville touchées par l'inondation.

Le boulevard du Point du Jour, actuel boulevard Gallieni, fut lui aussi atteint par la crue.